오십에 쓰는

맹자 孟子

KB008359

작가소개,

한치선(타타오)

30여 년간 붓과 펜을 벗 삼아 문자(한자, 한글)와 더불어 살았습니다. 현재 유튜브 서예 채널 〈타타오 캘리아트〉와 〈타타오 서재〉, 깐징월드 인문학 채널 〈타타오 뜨락〉을 운영하며, 온·오프라인을 통해 활발히 활동 중입니다.

EBS 평생학교 〈한치선의 난생처음 붓글씨 쓰기〉, 클래스101 〈오늘부터 예쁘고 품격 있는 손 글씨〉, 유튜브 채널 〈타타오 캘리아트〉의 멤버십 〈유튜브 서예학원〉을 통해 온라인 강의도 진행하고 있습니다.

《경기도 서예대전》 운영위원을 역임했으며,《추사 김정희 선생 추모 전국 휘호 대회》심사 등 다수의 서예대전에서 심사위원으로 참여하였습니다.

지은 책으로는 「오십에 쓰는 맹자」, 「오십에 쓰는 도덕경(Ⅰ, Ⅱ)」, 「오십에 쓰는 논어」, 「오십에 쓰는 채근담」, 「오십에 쓰는 천자문」, 「당신의 품격을 올려주는 손 글씨」, 「가장 쉬운 독학 타타오의 서예 첫걸음」 등이 있습니다.

맹자(孟子)는,

'맹자(孟子)'는 맹자와 그의 제자들 어록을 모은 것이 주된 내용이며, 그 외에 전해 내려오는 인용구들도 다수 포함되어 있습니다. 또한 사서삼경(四書三經) 중 하나로 공자의 논어(論語)와 함께 대표적인 고전입니다. 주옥과 같은 명언이 넘치는데, 귀에 익은 단어나 문장도 많이 있어서 쓰다 보면 반가운 마음이 들기도 합니다. 대부분은 문답 형식으로 되어 있으며 전문은 무려 35,000자가 넘기에 사서 중 가장 방대한 양입니다. 이 책에서는 그중에서 핵심만 엄선하였습니다.

전통적으로 맹자(孟子)를 공부하게 되면 문리(文理), 즉 문자의 이치를 트게 된다는 말이 있습니다. 성선설(性善說)을 주장한 맹자인 만큼 그 주제는 주로 인의(仁義)입니다. 하지만 왕과의 대화에서 보면 촌철살인의 독설도 자주 나오며, 그 안에서 통쾌한 역설까지 엿보입니다. 이 책이 급속도로 상실해 가고 있는 도덕과 인의, 나아가 인의예지신(仁義禮智信)을 바로 세울 힘이 되길 바랍니다.

필사를 위한 준비,

이 책의 체본은 가는 붓펜으로 썼습니다. 많은 필기구 중에서 붓펜을 고른 이유는 힘의 가감이나 압력을 가장 정교하게 보여줄 수 있는 서사 도구이기 때문입니다. 하지만 그만큼 초심자분들이 다루기가 어려운 점도 있습니다. 독자께서는 굳이 붓펜이 아니더라도 자신에게 잘 맞고 휴대성과 접근성이 좋은 중성펜 등으로 필사하시길 추천해 드립니다.

필사는 기법만이 아니라 심법(心法)도 아주 중요합니다. 문자(文字)란 생명과 사상을 담은 그릇이고, 그렇기에 필사하는 행위 자체가 하나의 인성수양(人性修養)이며 도야(陶冶)라고 할 수 있습니다.

책 활용법,

이 책은 한자 필순이나 기본획 쓰는 방법을 설명하고 있어 별도로 서예를 배우지 않은 사람도 기본적인 한자 쓰기가 가능합니다. 문장 따라 쓰기에서는 인문학자이 자 서예가인 작가가 정리한 문장을 읽으며 의미를 되새기고 따라 쓰며 그 운치를 헤아릴 수 있도록 하였습니다.

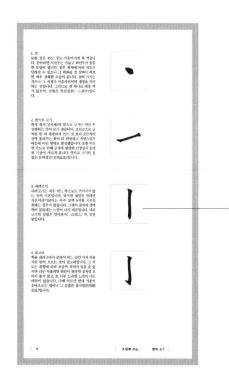

필사를 위한 도구와 마음 자세, 10여 가지의 한자 필순 원칙을 익힐 수 있습니다. 한자를 쓸 때 이 부분만 염두에 둬도 기본적인 한자 쓰기가 훨씬 안정될 것입니다.

서예에서 가장 중요한 쓰기 방법인 '영자팔법(永字八法)' 과 기본획을 쓰는 방법에 관해 설명합니다. 한자를 구성하는 기본획의 필법을 익히면, 한자 쓰기의 기본기가 갖춰져 아름다운 한자 쓰기가 가능합니다.

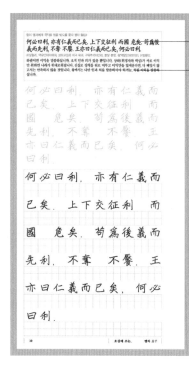

주옥과 같은 명언이 넘치는 맹자의 원문과 해설을 읽으면서 마음에 새깁니다.

논어(論語)와 함께 대표적인 고전인 맹자는 사서삼경(四書三經) 중 하나로 대부분은 문답 형식으로 되어 있습니다. 전문은 무려 35,000자가 넘기에 사서 중 가장 방대한 양입니다. 그 주제는 주로 인의(仁義)이지만 촌철살인의 독설과 통쾌한 역설까지 엿보입니다.

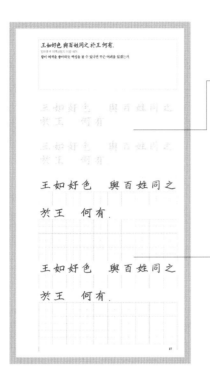

인쇄용 서체가 아닌 작가가 직접 쓴 해서체 체본 위에 따라 쓰며 작가의 심법을 더욱 세밀하게 배울 수 있도록 하였습니다.

다시 한번 작가의 서체를 세밀하게 관찰한 후 자신만의 한자 쓰기를 할 수 있도록 했습니다. 작가의 수려한 글씨체를 본받아 맹자의 주옥과 같은 문구를 써보세요.

'맹자(孟子)'는 맹자와 그의 제자들 어록 및 전해 내려오는 인용구들을 모은 것입니다. 귀에 익은 단어나 문장도 많이 있어서 쓰다 보면 반가운 마음이 들기도 합니다. 맹자를 따라 쓰면서 도덕과 인의, 나아가 인의예지신(仁義禮智信)을 바로 세울 힘을 얻길 바랍니다.

한자 필순의 원칙,

한자에서 필순은 무척 중요합니다. 그렇지만 너무 경직되어 틀에만 얽매일 필요는 없습니다. 기본적인 이치와 원리를 이해하면 큰 틀은 자연스럽게 손에 익을 것입니다. 다음 기본 원칙을 이해하고 적용해 봅시다.

1. 위에서 아래로 씁니다. 물이 위에서 아래로 흐르는 이치입니다.

2. 왼쪽에서 오른쪽으로 씁니다. 왼쪽이 안이고 오른쪽이 바깥이니, 안에서 밖으로 향함이 순서입니다.

3. 가로획과 세로획이 겹칠 때는 가로획을 먼저 씁니다. 가로가 음(陰)이고 세로가 양(陽)이니, 음양의 순서입니다.

4. 좌우 대칭을 이루는 글자는 가운데 획을 먼저 쓰고, 좌우의 순서로 씁니다. 기준 획을 먼저 써야 균형을 맞추기 편리하기 때문입니다.

5. 글자 전체를 세로로 꿰뚫는 획은 맨 마지막에 씁니다(예: 中(가운데 중), 일관(一貫)하는 의미가 있기 때문입니다).

7. 삐침과 파임이 만날 때는 삐침을 먼저 씁니다. 삐침이 음(陰), 파임이 양(陽)입니다.

8. 몸(한자에서 글자의 바깥 부분을 에워싸고 있는 부수 '國', '匹'에서 '口', '匚' 따위)과 안으로 된 글자는 몸을 먼저 씁니다. 그래야 크기를 정하기 쉽기 때문입니다. 집을 지어 두고 식구들이 들어가는 것과 같은 이치입니다.

9. 오른쪽 위의 '점'과 안의 '점'은 맨 마지막에 찍습니다. 이때 점은 마침표와 같은 기분입니다.

10. 받침 중 '走', '是'는 먼저 씁니다. 그것이 의미부(글씨에서 의미를 나타내는 부분)이기 때문입니다.

11. 받침 중 '辶', '辶'은 맨 마지막에 씁니다. 이것 또한 의미부이나, 간단하게 만들었기 때문에 마지막에 써서 글자를 받쳐줍니다.

영자팔법(永字八法),

서예에서 중요한 이론 중에 '영자팔법(永字八法)'이 있습니다. '永(길영)'이라는 한 글자 속에는 한자의 거의 모든 기본획이 포함되어 있습니다. 그래서 서예의 기초 단계에서 이 글자로 연습하곤 합니다. 서예뿐만 아니라 펜글씨에서도 그 활용도는 동일하다고 생각이 됩니다. 현대에 와서는 '영자팔법'의 깊은 뜻이 상실되었으나 본서에서는 그 심법과 함께 되살려 보겠습니다.

1. 점

보통 점은 45도 정도 기울어지게 툭 찍습니다. 붓이라면 시작부는 가늘고 하단부가 통통한 모양이 됩니다. 점은 위치에 따라 각도가 달라질 수 있으니 그 변화를 잘 살펴서 찍으면 매우 경쾌한 모습이 됩니다. 점의 크기는 작으나 그 자체가 마음자리이며 생명을 의미하는 것입니다. 그러므로 점 하나도 대충 찍지 않으며, 심법은 일심집중(一心執中)입니다.

2. 옆으로 긋기

한자 해서(정자체)의 옆으로 긋기는 약간 우상향하는 것이 보기 좋습니다. 오른손으로 글씨를 쓸 때 평평하게 쓰는 것 보다 오른쪽이 살짝 올라가는 획이 더 편안하고 자연스럽기 때문에 이런 형태로 발전했습니다. 또한 이러한 각도로 인해 글자에 팽팽한 긴장감과 용맹한 기상이 서리게 됩니다. 옆으로 긋기의 심법은 돌비맹진(突飛猛進)입니다.

3. 내려긋기

내려긋기는 좌우 어느 쪽으로도 쓰러지지 않는 것이 기본입니다. 하지만 엄밀히 말하면 직선이라기보다는 아주 살짝 S자형 곡선을 취하는 경우가 많습니다. 그래야 글자에 생명력이 꿈틀대는 느낌이 나기 때문입니다. 내려긋기의 심법은 일이관지(一以貫之) 즉, 일관됨입니다.

4. 갈고리

획을 내려긋다가 끝에서 어느 순간 마치 반동처럼 튀어 오르는 것이 갈고리입니다. 그 각도는 취향에 따라 조금씩 차이가 있을 순 있지만 너무 치올리면 하단이 뾰족한 침처럼 보여서 좋지 않고, 또 너무 느슨한 느낌이 나도 매력이 없습니다. 극에 이르면 반대 기운이 솟아오르는 법이니 그 심법은 물극필반(物極必返)입니다.

오십에 쓰는,   맹자 孟子

5. 삐쳐 올림
시작부는 쿡 찍어주고 위로 짧게 뽑아 올리는 획입니다. 삼수변(氵)의 세 번째 획과 같은 경우입니다. 삐쳐 올리는 각도는 다음 획이 시작하는 지점을 향하는데, 이러한 율동성을 필세(筆勢)라고 합니다. 이것은 물이 흐르는 듯한 흐름이므로 심법은 행운유수(行雲流水)입니다.

6. 삐침
한자에서 삐침이라는 획은 매우 중요합니다. 시작부에서 왼쪽 하단을 향해 내려오며 끝은 딱 맺지 않고 시원하게 뽑아줍니다. 삐침은 원래 '비침'에서 유래한 말로 태양 빛이 비치는 형상과 닮았습니다. 그러므로 날카로운 칼처럼 뽑는 것이 아닌, 온유하면서도 멀리 뻗어 나가는 획을 그어야 합니다. 심법은 기러기가 비스듬히 모래펄 위로 내려앉는 형국인 평사낙안(平沙落雁)입니다.

7. 쪼음
쪼음은 상단에서 쿡 찍어서 짧고 야무지게 뽑아 내리는 획입니다. 보통 이 획이 나오면 다음 순서로 크고 웅장한 획이 나오게 됩니다. 그래서 욕심을 버리고 큰일을 위해 준비를 한다는 마음으로 써야 합니다. 심법은 과유불급(過猶不及)입니다.

8. 파임
파임은 한자의 꽃이라고 할 만큼 웅장하고 아름다운 획입니다. 시작은 우측 하단을 향해 가늘게 내려오다가 최대한 필압(글 쓸 때 누르는 정도)을 주어 굵게 눌러주고, 다시 가늘게 살짝 우측으로 뽑으며 마무리합니다. 이처럼 장중한 획을 펼칠 때의 심법은 건곤일척(乾坤一擲)입니다.

何必日利, 亦有仁義而已矣. 上下交征利 而國 危矣. 苟爲後 義而先利, 不奪 不饜. 王亦日仁義而已矣, 何必日利.

하필왈리, 역유인의이의. 상하교정리 이국 위의. 구위후의이선리, 불탈 불염. 왕역왈인의이의, 하필왈리.

하필이면 이익을 말씀하십니까. 오직 인과 의가 있을 뿐입니다. 상하(위정자와 백성)가 서로 이익만 취하면 나라가 위태로워집니다. 진실로 정의를 뒤로 미루고 이익만을 앞세운다면, 다 빼앗지 않고서는 만족하지 못할 것입니다. 왕께서는 다만 인과 의를 말씀하셔야 하거늘, 하필 이익을 말씀하십니까.

何必日利, 亦有仁義而
已矣. 上下交征利 而
國 危矣. 苟爲後義而
先利, 不奪 不饜. 王
亦日仁義而已矣, 何必
日利.

오십에 쓰는, 맹자 孟子

왕이 잘 꾸며진 연못가에서 사슴, 거위 등을 감상하며 성현들도 이런 풍류를 즐기느냐고 묻자, 맹자 왈(曰)

與民偕樂故 能樂也.

여민해락고 능락야.

백성들과 함께 즐겼기 때문에 능히 즐길 수 있었습니다.

與民偕樂故　能樂也.

與民偕樂故　能樂也.

與民偕樂故　能樂也.

與民偕樂故　能樂也.

왕이 오십보 도망간 병사와 백보 도망간 이에 대해 누가 더 비겁한가 묻자, 맹자 왈(曰)

以五十步 笑百步.

이오십보 소백보.

오십보 도망간 병사가 백보 도망간 병사를 비웃다.

*자신의 허물은 돌아보지 않은 채 다른 이를 비방하는 것을 이르며 '오십보백보'로 줄여 쓴다.

맹자 孟子

　　　　　　　　　　오십에 쓰는,　　　맹자 孟子

仁者 無敵.

인자 무적.

(전해오는 말로) 어진 사람은 적이 없다.

不爲也 非不能也 推恩 足以保四海

불위야 비불능야. 추은 족이보사해.

안 하는 것이지 못하는 게 아니다. 은혜를 널리 펴 나가면 족히 사해를 보전할 수 있을 것이다.

*'무릇 바른 일을 할 수 있는데도 하지 않는 것'이라는 뜻.

不爲也　非不能也．推
恩　足以保四海．

不爲也　非不能也．推
恩　足以保四海．

不爲也　非不能也．推

恩　足以保四海．

不爲也　非不能也．推

恩　足以保四海．

緣木求魚.

연목구어.

나무 위에 올라가 물고기를 구한다(전혀 맞지 않는 방향으로 추구하는 것을 말한다).

*무력이나 금권으로 원하는 바를 얻으려는 왕을 보고 맹자가 비유를 들어 일침을 놓았다.

15

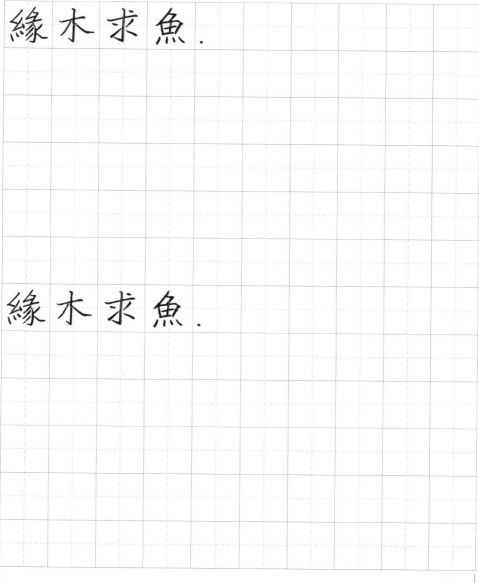

緣木求魚.

緣木求魚.

無恒産 因無恒心.

무항산 인무항심.

일정한 수입이 없으면 한결 같은 마음을 유지할 수 없다.

無恒產　　因無恒心.

無恒產　　因無恒心.

無恒產　　因無恒心.

無恒產　　因無恒心.

王如好色 與百姓同之 於王何有.

왕여호색 여백성동지 어왕 하유.

왕이 여색을 좋아하듯 백성을 볼 수 있다면 무슨 어려움이 있겠는가.

王 如 好 色　 與 百 姓 同 之
於 王　 何 有.

王 如 好 色　 與 百 姓 同 之
於 王　 何 有.

王 如 好 色　 與 百 姓 同 之

於 王　 何 有.

王 如 好 色　 與 百 姓 同 之

於 王　 何 有.

증자 왈(曰)

戒之戒之. 出乎爾者反乎爾者也.

계지계지. 출호이자 반호이자야.

경계하고 경계 할지어다. 너에게서 나온 것은 다시 너에게로 돌아간다.

戒之戒之. 出乎爾者
反乎爾者也.

戒之戒之. 出乎爾者
反乎爾者也.

戒之戒之. 出乎爾者

反乎爾者也.

戒之戒之. 出乎爾者

反乎爾者也.

行止 非人 所能也.

행지 비인 소능야.

행하게 하고 그만 두게 하는 것은 사람이 할 수 있는 일이 아니다.

行止　非人　　所能也.

行止　非人　　所能也.

行止　非人　所能也.

行止　非人　　所能也.

행지 비인 소능야.

행하게 하고 그만 두게 하는 것은 사람이 할 수 있는 일이 아니다.

天時 不如地利地利 不如人和.

천시 불여지리 지리 불여인화.

천시는 지리만 못하며, 지리는 인화만 못하다.

*천시-때, 지리-물질, 인화-사람 관계성.

天時　不如地利　地利

不如人和.

天時　不如地利　地利

不如人和.

天時　不如地利　地利

不如人和.

天時　不如地利　地利

不如人和.

천시 불여지리 지리 불여인화.

*천시-때, 지리-물질, 인화-사람 관계성.

彼以其富 我以吾仁, 彼以其爵 我以吾義 五何慊乎哉.

피이기부 아이오인, 피이기작 이이오의 오히검호재.

그들이 부를 가지고 자랑하면 나는 인으로써 대하고, 그들이 벼슬을 자랑하면 나는 의로써 대할 것이니 내 어찌 꿀리겠는가.

彼以其富　我以吾仁,
彼以其爵　我以吾義
吾何慊乎哉.

彼以其富　我以吾仁,

彼以其爵　我以吾義

吾何慊乎哉.

彼以其富　我以吾仁,

彼以其爵　我以吾義

吾何慊乎哉.

古之君子 過則改之, 今之君子 豈徒順之 又從而爲之辭.

고지군자 과즉개지, 금지군자 기도순지 우종이위지사.

옛날 군자는 허물이 있으면 고쳤는데, 지금의 군자는 (허물을) 그대로 밀어 부치고 뒤따라 변명까지 하는구나.

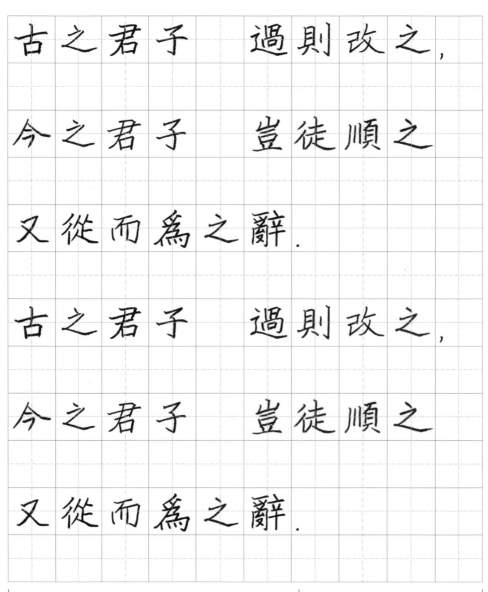

古之君子　過則改之,
今之君子　豈徒順之
又從而爲之辭.
古之君子　過則改之,
今之君子　豈徒順之
又從而爲之辭.

彼丈夫也 我丈夫也 吾何畏彼哉.

피장부야 아장부야 우하외피재.

그도 대장부이고 나도 대장부인데 내 어찌 그를 두려워하겠는가.

彼丈夫也　我丈夫也
吾何畏彼哉.

彼丈夫也　我丈夫也
吾何畏彼哉.

彼丈夫也　我丈夫也

吾何畏彼哉.

彼丈夫也　我丈夫也

吾何畏彼哉.

人之有道也 飽食煖衣 逸居而無教 則近於禽獸.

인지유도야 포식난의 일거이무교 즉근어금수.

사람에게는 도리가 있으니, 배불리 먹고 따뜻하게 옷 입고 편안하게 살기만 하고 가르침이 없으면 금수와 같다.

人之有道也　飽食煖衣
逸居而無教　則近於禽
獸.

人之有道也　飽食煖衣
逸居而無教　則近於禽
獸.

人之有道也　飽食煖衣
逸居而無教　則近於禽
獸.

오십에 쓰는, 　맹자 孟子

父子有親, 君臣有義, 夫婦有別, 長幼有序, 朋友有信.

부자유친, 군신유의, 부부유별, 장유유서, 붕우유신.

부자 간에 친애할 것이며, 군신 간에 바를 것이며, 부부 간에 구별이 있을 것이며, 나이에 따라 순서
가 있을 것이며, 친구 간에는 믿음이 있어야 하느니라.

*오륜(五倫)으로 두루 알려져 있다.

父 子 有 親, 君 臣 有 義,
夫 婦 有 別, 長 幼 有 序,
朋 友 有 信.

父 子 有 親, 君 臣 有 義,

夫 婦 有 別, 長 幼 有 序,

朋 友 有 信.

父 子 有 親, 君 臣 有 義,

夫 婦 有 別, 長 幼 有 序,

朋 友 有 信.

分人以財 謂之惠, 敎人以善 謂之忠, 爲天下得人者 謂之仁.

분인이재 위지혜, 교인이선 위지충, 위천하득인자 위지인.

남에게 재물을 나누어 주는 것을 혜라 하고, 남에게 선을 가르치는 것을 충이라 하고, 천하를 위해 인재를 얻는 것을 인이라 한다.

分人以財　謂之惠,　敎
人以善　謂之忠,　爲天
下得人者　謂之仁.

分人以財　謂之惠,　敎
人以善　謂之忠,　爲天
下得人者　謂之仁.

分人以財　謂之惠,　敎
人以善　謂之忠,　爲天
下得人者　謂之仁.

오십에 쓰는,　　　맹자 孟子

志士 不忘在溝壑, 勇士 不忘喪其元.

지사 불망재구학, 용사 불망상기원.

뜻있는 이는 구덩이에 빠지더라도 (그 소신을) 잊지 않고, 용감한 이는 죽음에 이르러서도 잊지 않는다.

志士　不忘在溝壑，勇

士　不忘喪其元．

志士　不忘在溝壑，勇

士　不忘喪其元．

志士　不忘在溝壑，勇

士　不忘喪其元．

志士　不忘在溝壑，勇

士　不忘喪其元．

지사 불망재구학, 용사 불망상기원.

枉己者 未有能直人者也.

왕기자 미유능직인자야.

자기가 굽은 자는 남을 바로 세우지 못하는 법이다.

枉己者　未有能直人者也.

枉己者　未有能直人者也.

枉己者　未有能直人者也.

枉己者　未有能直人者也.

居天下之廣居, 立天下之正位, 行天下之大道 得志 與民由之, 不得志 獨行其道. 富貴 不能淫, 貧賤 不能移,

거천하지광거, 입천하지정위, 행천하지대도, 득지 여민유지, 부득지 독행기도, 부귀 불능음, 빈천 불능이,

천하라는 넓은 집에 살며, 천하의 바른 자리에 서고, 천하의 큰 도를 행하여 뜻을 얻으면 백성들과 함께하고, 뜻을 얻지 못하면 홀로 그 도를 행한다. 부귀도 그 마음을 유혹하지 못하고, 빈천도 그의 지조를 바꾸지 못하며, -

居天下之廣居, 立天下
之正位, 行天下之大道
得志 與民由之, 不得
志 獨行其道. 富貴
不能淫, 貧賤 不能移,

居天下之廣居, 立天下
之正位, 行天下之大道
得志 與民由之, 不得
志 獨行其道. 富貴
不能淫, 貧賤 不能移,

거천하지광거, 입천하지정위, 행천하지대도, 득지 여민유지, 부득지 독행기도, 부귀 불능음, 빈천 불능이,

천하라는 넓은 집에 살며, 천하의 바른 자리에 서고, 천하의 큰 도를 행하여 뜻을 얻으면 백성들과 함께하고, 뜻을 얻지 못하면 홀로 그 도를 행한다. 부귀도 그 마음을 유혹하지 못하고, 빈천도 그의 지조를 바꾸지 못하며, -

威武 不能屈 此之謂大丈夫.

위무 불능굴 차지위대장부.

위엄과 무력도 그의 뜻을 꺾지 못하니 그를 일러 대장부라 한다.

오십에 쓰는,

威武　不能屈　此之謂
大丈夫.

威武　不能屈　此之謂
大丈夫.

威武　不能屈　此之謂

大丈夫.

威武　不能屈　此之謂

大丈夫.

非其道則一簞食 不可受於人.

비기도즉일단사 불가수어인.

정도가 아니면 도시락 하나라도 남에게서 받아서는 안된다.

非其道則一簞食 不可
受於人.

非其道則一簞食 不可
受於人.

非其道則一簞食 不可

受於人.

非其道則一簞食 不可

受於人.

비기도즉일단사 불가수어인.

정도가 아니면 도시락 하나라도 남에게서 받아서는 안된다.

증자 왈(曰)

脅肩諂笑 病于夏畦.

협견첨소 병우하휴.

어깨를 들썩거리며 아첨하여 웃는 것은 여름날 밭일하기 보다 힘들다.

맹자 孟子

脅肩諂笑　病于夏畦.

脅肩諂笑　病于夏畦.

脅	肩	諂	笑		病	于	夏	畦	.
脅	肩	諂	笑		病	于	夏	畦	.

오십에 쓰는,　　맹자 孟子

愛人不親 反其仁, 治人不治 反其智, 禮人不答 反其敬.

애인불친 반기인, 치인불치 반기지, 예인부답 반기경.

남을 사랑하는데 친해지지 않을 때는 자신의 인자함을 돌이켜 생각해 보고, 남을 다스리는데 다스려지지 않을 때는 자기의 지혜를 돌이켜 생각해 보고, 남을 예우하는데 답례가 없으면 자기의 공경하는 태도를 돌이켜 생각해 보라.

愛人不親　反其人,　治

人不治　反其智,　禮人

不答　反其敬.

愛人不親　反其人,　治

人不治　反其智,　禮人

不答　反其敬.

愛人不親　反其人,　治

人不治　反其智,　禮人

不答　反其敬.

順天子 存, 逆天者 亡.

순천자 존, 역천자 망.

하늘의 뜻에 따르는 사람은 생존하고, 하늘의 뜻에 거슬리는 사람은 멸망한다.

오십에 쓰는,　맹자 孟子

順天者　存, 逆天者
亡.

順天者　存, 逆天者
亡.

順天者　存, 逆天者

亡.

順天者　存, 逆天者

亡.

옛 노래에 이르기를

滄浪之水 青兮 可以濯我纓, 滄浪之水 濁兮 可以濯我足.

창랑지수 청혜 가이탁아영, 창랑지수 탁혜 가이탁아족.

창랑(세상)의 물이 맑으면 (벼슬하여) 갓끈을 씻고, 창랑의 물이 흐리면 내 발(수양)을 씻을 것이다.

滄浪之水　青兮　可以
濯我纓,　滄浪之水　濁
兮　可以濯我足.

滄浪之水　青兮　可以
濯我纓,　滄浪之水　濁
兮　可以濯我足.

滄浪之水　青兮　可以
濯我纓,　滄浪之水　濁
兮　可以濯我足.

自暴者 不可與有言也, 自棄者 不可與有爲也.

자포자 불가여유언야, 자기자 불가여유위야.

자신을 스스로 해치는 사람과는 함께 이야기할 수 없으며, 스스로 포기하는 사람과는 함께 일할 수가 없다.

*이러힌 사람을 줄여서 '자포자기'라 한다.

自暴者 不可與有言也,
自棄者 不可與有爲也.

自暴者 不可與有言也,
自棄者 不可與有爲也.

自暴者 不可與有言也,

自棄者 不可與有爲也.

自暴者 不可與有言也,

自棄者 不可與有爲也.

道在爾而求諸遠, 事在易而求諸難.

도재이이구저원, 사재이이구저난.

도는 가까운데 있음에도 멀리서 구하려 하고, 일은 쉬운데 있음에도 어려운 데서 구하려 한다.

道 在 爾 而 求 諸 遠 , 事 在
易 而 求 諸 難 .

道 在 爾 而 求 諸 遠 , 事 在
易 而 求 諸 難 .

道 在 爾 而 求 諸 遠 , 事 在

易 而 求 諸 難 .

道 在 爾 而 求 諸 遠 , 事 在

易 而 求 諸 難 .

至誠而不動者 未之有也, 不誠 未有能動者也.

지성이부동자 미지유야, 불성 미유능동자야.

지극히 성실하고도 남을 감동시키지 못한 일은 아직까지 없었으니, 성실하지 않으면 남을 감동시킬 수 없느니라.

오십에 쓰는, 　　맹자 孟子

至 誠 而 不 動 者　未 之 有 也, 不 誠　未 有 能 動 者 也.

至 誠 而 不 動 者　未 之 有

也, 不 誠　未 有 能 動 者

也.

至 誠 而 不 動 者　未 之 有

也, 不 誠　未 有 能 動 者

也.

存乎人者 莫良於眸子.

존호인자 막량어모자.

사람이 가진 것 중에서 눈동자보다 더 좋은 것이 없다.

*눈동자는 그 사람의 악을 가리지 못하니 마음속이 바르면 눈동자가 맑고, 마음속이 바르지 못하면 눈동자가 흐리다.

存乎人者　莫良於眸子.

存乎人者　莫良於眸子.

存乎人者　莫良於眸子.

存乎人者　莫良於眸子.

存乎人者 莫良於眸子.

존호인자 막량어모자.

*눈동자는 그 사람의 악을 가리지 못하니 마음속이 바르면 눈동자가 맑고, 마음속이 바르지 못하면 눈동자가 흐리다.

恭者 不侮人, 儉者 不奪人.

공자 불모인, 검자 불탈인.

공손한 사람은 남을 업신여기지 않고, 검소한 사람은 남의 것을 빼앗지 않는다.

오십에 쓰는, 　맹자 孟子

恭者　不侮人, 儉者

不奪人.

恭者　不侮人, 儉者

不奪人.

恭者　不侮人, 儉者

不奪人.

恭者　不侮人, 儉者

不奪人.

古者 易子而教之.

고자 역자이교지.

옛날에는 아들을 바꾸어 가르쳤다.

*자기 자식을 직접 가르치는 것이 얼마나 어려운지 표현하는 말이다.

古者　易子而教之.

古者　易子而教之.

古者　易子而教之.

古者　易子而教之.

有不虞之譽, 有求全之毁.
유불우지예, 유구전지훼.
생각지도 않았는데 명예를 얻을 수도 있고, 완전하려다가 비방을 받는 수도 있다.

오십에 쓰는,

有不虞之譽,　有求全之
毁.

有不虞之譽,　有求全之
毁.

有不虞之譽,　有求全之

毁.

有不虞之譽,　有求全之

毁.

有不虞之譽, 有求全之毁.
유불우지예, 유구전지훼.
생각지도 않았는데 명예를 얻을 수도 있고, 완전하려다가 비방을 받는 수도 있다.

오십에 쓰는,　　맹자 孟子

人之易其言也 無責耳矣.

인지이기언야 무책이의.

사람들이 말을 쉽게 하는 것은 책임감이 없기 때문이다.

人之易其言也　無責耳
矣.

人之易其言也　無責耳
矣.

人之易其言也　無責耳
矣.

人之易其言也　無責耳
矣.

人之患 在好爲人師.

인지환 재호위인사.

사람들의 폐단은 남의 스승 되기를 좋아하는 데에 있다.

*아는 척하는 사람을 지적한 말.

오십에 쓰는, 맹자 孟子

人之患　在好爲人師.

人之患　在好爲人師.

人之患　在好爲人師.

人之患　在好爲人師.

中也養不中, 才也養不才.

중야 양부중, 재야 양부재.

중용을 이룬 사람은 중용을 이루지 못한 사람을 길러 주고, 재능이 있는 사람은 재능이 없는 사람을 길러 주어야 한다.

中也　養不中,　才也
養不才.

中也　養不中,　才也
養不才.

中也　養不中,　才也

養不才.

中也　養不中,　才也

養不才.

人有不爲也而後 可以有爲.

인유불위야이후 가이유위.

사람은 하지 않는 것이 있은 뒤에 하는 것이 있게 된다.

*예: 불의를 결코 하지 않으려는 확고한 결심이 선 뒤에 비로소 의(義)를 바로 행할 수 있다.

오십에 쓰는, 맹자 孟子

人有不爲也而後　可以
有爲.

人有不爲也而後　可以
有爲.

人	有	不	爲	也	而	後		可	以
有	爲	.							
人	有	不	爲	也	而	後		可	以
有	爲	.							

오십에 쓰는, **맹자 孟子**

言人之不善當如後患何.

언인지불선 당여후환 하.

남의 좋지 않은 일을 말하다가 그 후환을 당하면 어찌 할 것인가.

言人之不善　當如後患
何.

言人之不善　當如後患
何.

言人之不善　當如後患

何.

言人之不善　當如後患

何.

中尼 不爲已甚者.

중니 불위이심자.

중니(공자님)는 너무 심한 일은 하지 않으셨다.

*중용을 지켜 지나친 행동을 삼가 하셨다.

오십에 쓰는, 맹자 孟子

中尼　不爲己甚者.

中尼　不爲己甚者.

中尼　不爲己甚者.

中尼　不爲己甚者.

중니 불위이심자.

大人者 不失其赤子之心者也.

대인자 불실기적자지심자야.

대인은 어린시절의 마음을 잃지 않는다.

大人者　不失其赤子之
心者也.

大人者　不失其赤子之
心者也.

大人者　不失其赤子之

心者也.

大人者　不失其赤子之

心者也.

聲聞過情 君子恥之.

성문과정 군자 치지.

명성이 실제보다 지나친 것을 군자는 부끄러워한다.

오십에 쓰는,   맹자 孟子

聲聞過情   君子   恥之 .

聲聞過情   君子   恥之 .

聲聞過情   君子   恥之 .

聲聞過情   君子   恥之 .

湯 執中 立賢無方, 文王 視民如傷. 武王 不泄邇, 不忘遠.

탕 집중 입현무방. 문왕 시민여상. 무왕 불설이 불망원.

탕 임금은 중용을 지켜 어진 이를 등용해 쓰는데 신분을 따지지 않았고, 문왕은 백성 보기를 다친 사람 살피듯 하였다. 무왕은 가까운 사람이라 하여 더 친근히 여기지 않았고, 멀리 있는 사람도 잊어버리는 일이 없었다.

湯 執中 立賢無方,
文王 視民如傷. 武王
不泄邇, 不忘遠.

湯 執中 立賢無方,
文王 視民如傷. 武王
不泄邇, 不忘遠.

仁者 愛人, 有禮者 敬人. 愛人者 人恒愛之, 敬人者 人恒敬
之.

인자 애인, 유례자 경인. 애인자 인항애지, 경인자 인항경지.

인자한 사람은 남을 사랑하고, 예를 차리는 사람은 남을 공경한다. 남을 사랑하는 사람은 남들도 항
상 그를 사랑하며, 남을 공경하는 사람은 남들도 항상 그를 공경한다.

오십에 쓰는,

仁者　愛人,　有禮者

敬人.　愛人者　人恒愛

之,　敬人者　人恒敬之.

仁者　愛人,　有禮者

敬人.　愛人者　人恒愛

之,　敬人者　人恒敬之.

오십에 쓰는,　　맹자 孟子

君子 有終身之憂 無一朝之患也.

군자 유종신지우 무일조지환야.

군자는 일생의 (수양이 부족하다는) 근심은 있어도, 하루아침의 걱정은 하지 않는다.

君子　有終身之憂　無
一朝之患也.

君子　有終身之憂　無
一朝之患也.

君子　有終身之憂　無

一朝之患也.

君子　有終身之憂　無

一朝之患也.

군자 유종신지우 무일조지환야.

군자는 일생의 (수양이 부족하다는) 근심은 있어도, 하루아침의 걱정은 하지 않는다.

男女居室 人之大倫也.

남녀거실 인지대륜야.

남녀가 한방에서 거처함(가정을 이룸)은 사람으로서 큰 도리이다.

*고로 혼인 외에 함부로 할 일이 아님을 뜻한다.

오십에 쓰는, 　　　맹자 孟子

男女居室　　人之大倫也.

男女居室　　人之大倫也.

男女居室　　人之大倫也.

男女居室　　人之大倫也.

　　　오십에 쓰는, 　　　맹자 孟子

君子 可欺以其方 難罔以非其道.

군자 가기이기방 난망이비기도.

군자란 바른 일로 잠시 속일 수가 있지만 도가 아니면 속이기 어렵다.

君子　可欺以其方　難
罔以非其道.

君子　可欺以其方　難
罔以非其道.

君子　可欺以其方　難

罔以非其道.

君子　可欺以其方　難

罔以非其道.

君子 可欺以其方 難罔以非其道.

군자 가기이기방 난망이비기도.

군자란 바른 일로 잠시 속일 수가 있지만 도가 아니면 속이기 어렵다.

其子之賢不肖 皆天也, 非人之所能爲也.

기자지현불초 개천야, 비인지소능위야.

자식 잘나고 못남은 다 하늘의 뜻이요, 사람이 할 수 있는 일이 아니다.

오십에 쓰는,

其子之賢不肖　皆天也,

非人之所能爲也.

其子之賢不肖　皆天也,

非人之所能爲也.

其子之賢不肖　皆天也,

非人之所能爲也.

其子之賢不肖　皆天也,

非人之所能爲也.

莫之爲而爲者 天也, 莫之致而至者 命也.

막지위이위자 천야, 막지치이지자 명야.

하려 하지 않아도 절로 되는 것은 하늘의 뜻이요, 하려 하지 않는데 절로 닥쳐오는 것은 운명이다.

莫 之 爲 而 爲 者　天 也 ,
莫 之 致 而 至 者　命 也 .

莫 之 爲 而 爲 者　天 也 ,
莫 之 致 而 至 者　命 也 .

莫 之 爲 而 爲 者　天 也 ,

莫 之 致 而 至 者　命 也 .

莫 之 爲 而 爲 者　天 也 ,

莫 之 致 而 至 者　命 也 .

막지위이위자 천야, 막지치이지자 명야.

하려 하지 않아도 절로 되는 것은 하늘의 뜻이요, 하려 하지 않는데 절로 닥쳐오는 것은 운명이다.

聖人 先得我心之所同然耳.

성인 선득아심지소동연이.

성인은 우리의 마음이 다같이 옳다고 여기는 바를 먼저 깨달았을 뿐이다.

오십에 쓰는. 맹자 孟子

聖人　先得我心之所同
然耳.

聖人　先得我心之所同
然耳.

聖	人		先	得	我	心	之	所	同
然	耳	.							
聖	人		先	得	我	心	之	所	同
然	耳	.							

操則存舍則亡. 出入無時 莫知其鄕 惟心之謂與.

조즉존 사즉망. 출입무시 막지기향 유심지위여.

잡으면 남아 있고 놓으면 없어진다. 때 없이 드나들어 정처를 알 수 없는 것이란 마음을 두고 하는 말이다.

操則存　舍則亡.　出入

無時　莫知其鄕　惟心

之謂與.

操則存　舍則亡.　出入

無時　莫知其鄕　惟心

之謂與.

所欲有甚於生者 故 不爲苟得也.

소욕 유심어생자 고 불위구득야.

하고자 하는 바가 삶보다 더 절실하기에 구차하게 살지 않는다.

*진정 소중한 가치를 위해서라면 생조차 버릴 수 있음을 말한다.

맹자 孟子

所欲　有甚於生者　故
不爲苟得也.

所欲　有甚於生者　故
不爲苟得也.

所欲　有甚於生者　故

不爲苟得也.

所欲　有甚於生者　故

不爲苟得也.

고자 왈(曰)

仁 人心也, 義 人路也.

인 인심야, 의 인로야.

인은 사람의 마음(본심)이오, 의는 사람의 (마땅히 행할) 길이다.

仁　人心也,　義　人路
也.

仁　人心也,　義　人路
也.

仁　人心也,　義　人路
也.

仁　人心也,　義　人路
也.

學問之道 無他 求其放心而已矣.

학문지도 무타 구기방심이이의.

학문하는 길은 다른 것이 아니라 그 놓친 마음(양심)을 찾는 것일 뿐이다.

맹자 孟子

學問之道　無他　求其
放心而已矣.

學問之道　無他　求其
放心而已矣.

學問之道　無他　求其

放心而已矣.

學問之道　無他　求其

放心而已矣.

養其小者 爲小人, 養其大者 爲大人. 從其大體 爲大人, 從其
小體 爲小人.

양기소자 위소인, 양기대자 위대인. 종기대체 위대인, 종기소체 위소인.

작은 것을 기르는 자는 소인이 되고 큰 것을 기르는 자는 대인이 된다. 큰 것에 따르는 사람은 대인
이 되고 작은 것을 따르는 사람은 소인이 된다.

*대체는 마음자리를 이르며 소체는 사람의 이목구비와 같은 감각 기관을 이르니 모쪼록 감각에 요동치지 않도
록 심성을 드높이는 수양을 권한 것이다.

養其小者 爲小人, 養
其大者 爲大人. 從其
大體 爲大人, 從其小
體 爲小人.

有天爵者 有人爵者 仁義忠信樂善不倦 此 天爵也. 公卿大
夫 此人爵也. 古之人 修其天爵 而人爵 從之.

유천작자 유인작자 인의충신락선불권 차 천작야. 공경대부 차인작야. 고지인 수기천작 이인작 종지.

천작(하늘이 준 벼슬)이 있고 인작(사람이 준 벼슬)이 있으니 인의충신과 같이 선을 즐겨 게으르지
않는 것이 천작(하늘이 준 벼슬)이다. 공경대부와 같은 것은 인작이니라. 옛사람들은 천작을 닦으
면 인작은 저절로 따라온다고 했다.

有天爵者　有人爵者
仁義忠信樂善不倦　此
天爵也.　公卿大夫　此
人爵也.　古之人　修其
天爵　而人爵　從之.

有天爵者　有人爵者

仁義忠信樂善不倦　此

天爵也.　公卿大夫　此

人爵也.　古之人　修其

天爵　而人爵　從之.

仁之勝不仁也 猶水勝火.

인지승불인야 유수승화.

인(仁)이 불인(不仁)을 이기는 것은 마치 물이 불을 이기는 것과 같다.

仁 之 勝 不 仁 也　猶 水 勝

火 .

仁 之 勝 不 仁 也　猶 水 勝

火 .

仁 之 勝 不 仁 也　猶 水 勝

火 .

仁 之 勝 不 仁 也　猶 水 勝

火 .

인지승불인야 유수승화.

道 若大路然. 豈難知哉人病不求耳.

도 약대로연. 기난지재 인병불구이.

도란 큰길과 같으니 어찌 알기가 어렵겠는가? 사람들이 그것을 구하지 않는 것을 근심할 뿐이다.

道　若大路然.　豈難知
哉　人病不求耳.

道　若大路然.　豈難知
哉　人病不求耳.

道		若	大	路	然	.	豈	難	知
哉		人	病	不	求	耳	.		

道		若	大	路	然	.	豈	難	知
哉		人	病	不	求	耳	.		

오십에 쓰는, 맹자 孟子

天將降大任於是人也 必先苦其心志, 勞其筋骨, 餓其體膚,
空乏其身 行拂亂其所爲. 所以動心忍性 曾益其所不能.

천장강대임어시인야 필선고기심지, 노기근골, 아기체부, 공핍기신 행불란기소위, 소이동심인성 증익기소불능.

하늘이 장차 큰 일을 어떤 사람에게 맡기려 할 때는 반드시 먼저 그 마음을 괴롭히고, 그 근골을 지치게 하며, 그 육체를 굶주리게 하고, 그 생활을 곤궁하게 해서 행하는 일이 뜻과 같지 않게 한다. 이것은 그들의 마음을 움직이고 그 성질을 참게 하여 일찍이 할 수 없었던 일을 더욱 하도록 하기 위해서이다.

天 將 降 大 任 於 是 人 也
必 先 苦 其 心 志 , 勞 其 筋
骨 , 餓 其 體 膚 , 空 乏 其
身   行 拂 亂 其 所 爲 .   所
以 動 心 忍 性   曾 益 其 所
不 能 .

天 將 降 大 任 於 是 人 也

必 先 苦 其 心 志 , 勞 其 筋

骨 , 餓 其 體 膚 , 空 乏 其

身   行 拂 亂 其 所 爲 .   所

以 動 心 忍 性   曾 益 其 所

不 能 .

人恒過然後 能改 困於心 衡於慮而後 作, 徵於色 發於聲而後 喻.

인항과연후 능개 곤어심 횡어려이후 작, 징어색 발어성이후 유.

사람은 언제나 과오를 저지른 뒤에야 고칠 수 있으니, 마음에 곤란을 당하거나 생각대로 잘 안된 뒤에야 분발하고, 얼굴빛에 떠 오르고 음성이 나타난 뒤에야 깨닫게 된다.

人恒過然後　能改　困
於心　衡於慮而後　作,
徵於色　發於聲而後
喻.

人恒過然後　能改　困
於心　衡於慮而後　作,
徵於色　發於聲而後
喻.

入則無法家拂士 出則無敵國外患者 國恒亡. 然後 知生於憂患而死於安樂也.

입즉무법가필사 출즉무적국외환자 국항망. 연후 지생어우환이사어안락야.

안으로 법도가 있는 가문이 없고 보필하는 선비가 없으며, 밖으로는 적국이 없고 외환이 없으면, 그런 나라는 언제나 망한다. 그런 뒤에야 우환 속에서도 살고 안락한 가운데도 망한다는 것을 알게 되는 것이다.

*떨칠 불(拂)과 도울 필(弼)은 같은 뜻으로도 쓰인다.

入則無法家拂士　出則
無敵國外患者　國恒亡.
然後　知生於憂患而死
於安樂也.

入則無法家拂士　出則
無敵國外患者　國恒亡.
然後　知生於憂患而死
於安樂也.

盡其心者 知其性也, 知其性則知天矣.

진기심자 지기성야, 지기성즉지천의.

자기의 마음을 다하는 사람은 자기의 본성을 알고, 본성을 알면 하늘을 알게 된다.

盡其心者　知其性也,
知其性則知天矣.

盡其心者　知其性也,
知其性則知天矣.

盡其心者　知其性也,

知其性則知天矣.

盡其心者　知其性也,

知其性則知天矣.

存其心 養其性 所以事天也, 妖壽 不貳 修身以俟之 所以立
命也. 莫非命也順受其正. 是故 知命者 不立乎巖墻之下.

존기심 양기성 소이사천야, 요수 불이 수신이사지 소이립명야. 막비명야 순수기정. 시고 지명자 불립호암장지하.

자기 마음을 보존하여 본성을 기르는 것은 하늘을 섬기는 것이오, 단명하거나 장수하거나 개의치
않고 몸을 닦아서 기다림은 천명을 온전히 하는 것이니라. 모든 일이 천명 아닌 것이 없으니 그 올
바른 천명을 순리대로 받아야 한다. 그러므로 천명을 아는 사람은 위험한 장벽 밑에 서지 않는다.

存其心　養其性　所以

事天也,　妖壽　不貳

修身以俟之　所以立命

也.　莫非命也　順受其

正.　是故　知命者　不

立乎巖墻之下.

萬物 皆備於我矣 反身而誠 樂莫大焉, 强恕而行 求仁 莫近焉.

만물 개비어아의 반신이성 낙막대언, 강서이행 구인 막근언.

만물의 이치가 모두 내 안에 갖추어져 있으니 몸을 돌이켜 성실하면 즐거움이 더없이 크고, 힘써 너그럽게 행하면 인을 구하는 길이 멀지 않으리라.

萬物　皆備於我矣　反
身而誠　樂莫大焉, 强
恕而行　求仁　莫近焉.

萬物　皆備於我矣　反
身而誠　樂莫大焉, 强
恕而行　求仁　莫近焉.

萬物　皆備於我矣　反
身而誠　樂莫大焉, 强
恕而行　求仁　莫近焉.

오십에 쓰는, 맹자 孟子

人不可以無恥. 無恥之恥 無恥矣. 恥之於人 大矣.

인불가이무치. 무치지치 무치의. 치지어인 대의.

사람이란 부끄러움이 없어서는 안된다. 부끄러움이 없음을 부끄러이 여긴다면 부끄러움이 없게 될 것이다. 부끄러워하는 마음은 사람에게 중요한 것이다.

人 不 可 以 無 恥. 無 恥 之
恥 無 恥 矣. 恥 之 於 人
大 矣.

人 不 可 以 無 恥. 無 恥 之
恥 無 恥 矣. 恥 之 於 人
大 矣.

士窮不失義, 達不離道.

사 궁불실의, 달불리도.

선비는 궁해도 의로움을 잃지 않으며, 잘되어도 도를 벗어나지 않는다.

오십에 쓰는,　　　맹자 孟子

士　窮不失義,　達不離

道.

士　窮不失義,　達不離

道.

士　窮不失義,　達不離

道.

士　窮不失義,　達不離

道.

사 궁불실의, 달불리도.

人之所不學而能者 其良能也, 所不慮而知者 其良知.

인지소불학이능자 기양능야, 소불려이지자 기양지.

사람이 배우지 않고서도 할 수 있는 것을 양능이라 하고, 생각하지 않고서도 아는 것을 양지라 한다.

人之所不學而能者　其
良能也，所不慮而知者
其良知.

人之所不學而能者　其
良能也，所不慮而知者
其良知.

人之所不學而能者　其
良能也，所不慮而知者
其良知.

人之有德慧術知者 恒存乎玼疾.

인지유덕혜술지자 항존호진질.

사람은 덕과 지혜와 학술과 지식을 언제나 환난 속에서 얻게 되는 것이다.

오십에 쓰는, 맹자 孟子

人之有德慧術知者　恒
存乎玼疾.

人之有德慧術知者　恒
存乎玼疾.

人之有德慧術知者　恒

存乎玼疾.

人之有德慧術知者　恒

存乎玼疾.

獨孤臣孼者 其操心也 危 其慮患也 深故 達.

독고신얼자 기조심야 위 기려환야 심고 달.

외로운 신하와 버림받은 서자는 늘 조심하고 환난이 있을까 깊이 생각하므로 사리에 통달하게 된다.

獨孤臣孼者　其操心也
危　其慮患也　深故
達.

獨孤臣孼者　其操心也

危　其慮患也　深故

達.

獨孤臣孼者　其操心也

危　其慮患也　深故

達.

君子 有三樂 而王天下 不與存焉. 父母俱存 兄弟無故 一樂也,
仰不愧於天 俯不怍於人 二樂也, 得天下英才 而敎育之 三樂也.

군자 유삼락 이왕천하 불여존언. 부모구존 형제무고 일락야, 앙불괴어천 부부작어인 이락야, 득천하영재 이교육지 삼락야.

군자에게는 세 가지 즐거움이 있는데 천하에 왕 노릇 하는 것은 거기에 들지 않는다. 부모가 다 생존하고 형제들이 무고함이 첫 번째 즐거움이요, 우러러보아 하늘에 부끄럽지 않고 굽어보아도 사람들에게 부끄럽지 않은 것이 그 두 번째요, 천하의 영재를 얻어서 이들을 교육하는 것이 그 세 번째이다.

君子　有三樂　而王天
下　不與存焉.　父母俱
存　兄弟無故　一樂也,
仰不愧於天　俯不怍於
人　二樂也,　得天下英
才　而敎育之　三樂也.

君子　有三樂　而王天

下　不與存焉.　父母俱

存　兄弟無故　一樂也,

仰不愧於天　俯不怍於

人　二樂也,　得天下英

才　而敎育之　三樂也.

孔子 登東山而小魯, 登太山而小天下. 故 觀於海者 難爲水,
遊於聖人之門者 難爲言.

공자 등동산이소노, 등태산이소천하. 고 관어해자 난위수, 유어성인지문자 난위언.

공자께서 동산에 올라서는 노나라가 작다고 느끼셨고, 태산에 올라서는 천하가 작다고 느끼셨다.
그러므로 바다를 본 사람에게는 물 이야기를 하기가 어렵고, 성인의 문하에서 노니는 사람에게는
말을 하기가 어렵다.

孔子 登東山而小魯,

登太山而小天下. 故

觀於海者 難爲水, 遊

於聖人之門者 難爲言.

饑者 甘食, 渴者 甘飮. 是 未得飮食之正也.

기자 감식, 갈자 감음. 시 미득음식지정야.

굶주린 사람은 달게 먹고, 목마른 사람은 달게 마신다. 그러나 음식의 진정한 맛은 모른다.

饑者　甘食,　渴者　甘
飮.　是　　未得飮食之正
也.

饑者　甘食,　渴者　甘

飮.　是　　未得飮食之正

也.

饑者　甘食,　渴者　甘

飮.　是　　未得飮食之正

也.

오십에 쓰는, 　　맹자 孟子

尚志.

상지.

뜻을 높이 가져야 한다.

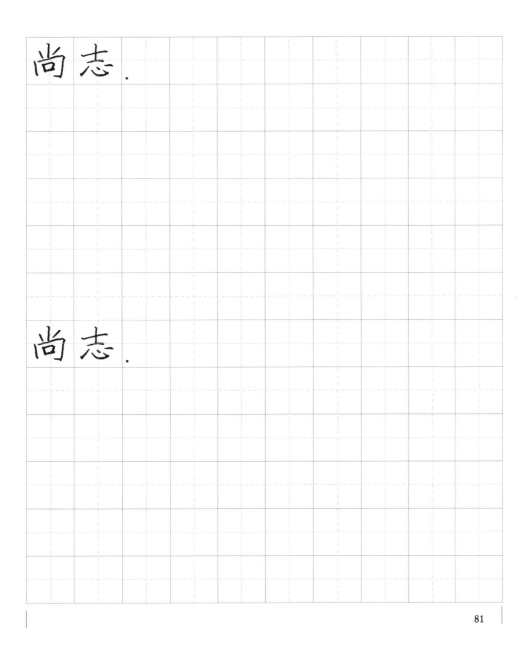

居移氣, 養移體.

거이기, 양이체.

거하는 자리에 따라 기품이 달라지고, 봉양하는 것에 따라 (받는 이의) 몸이 변한다.

居移氣, 養移體.

居移氣, 養移體.

居移氣, 養移體.

居移氣, 養移體.

오십에 쓰는,   **맹자** 孟子

食而弗愛 豕交之也, 愛而不敬 獸畜之也.

사이불애 시교지야, 애이불경 수축지야.

먹이면서 사랑하지 않는 것은 돼지로 대하는 것이오, 사랑하면서 공경하지 않는 것은 짐승으로 기르는 것이다.

*제후가 현자를 홀대함, 나아가 자식이 노부모를 박대함을 개탄한 말.

食而弗愛　豕交之也,
愛而不敬　獸畜之也.

食而弗愛　豕交之也,
愛而不敬　獸畜之也.

食而弗愛　豕交之也,
愛而不敬　獸畜之也.

食而弗愛　豕交之也,
愛而不敬　獸畜之也.

君子之所以教者 五 有如時雨 化之者, 有成德者, 有達財者,
有答問者, 有私淑艾者.

군자지소이교자 오 유여시우 화지자, 유성덕자, 유달재자, 유답문자, 유사숙예자.

군자가 가르치는 방법에 다섯 가지가 있으니 제때 내리는 비가 초목을 자라게 하는 것과 같은 것이
있고, 덕을 이루게 해주는 것이 있고, 능력을 발휘시켜 주는 것이 있고, 물음에 대답해 주는 것이 있
고, 혼자서 덕을 잘 닦아 나가도록 해주는 것이 있다.

君 子 之 所 以 教 者　　五

有 如 時 雨　　化 之 者,　　有

成 德 者,　　有 達 財 者,　　有

答 問 者,　　有 私 淑 艾 者.

公孫丑曰 道則高矣美矣 宜若登天然. 大匠 不爲拙工 改廢繩墨, 能者從之.

공손추왈 도즉고의미의 의약등천연. 대장 불위졸공 개폐승묵, 능자종지.

공손추가 말하길 (선생님께서 말하는) 도는 높고도 아름다운 것을 말합니다만 그것은 마치 하늘에 오르듯 높아 도달하기 어렵습니다. (맹자의 추구하는 도가 너무 어려워 공손추가 좀 쉬운 방법을 알려 달라고 하자 다음 구절로 대답한다.) 훌륭한 목수는 서투른 목수를 위해 먹줄을 고치거나 없애지 않으니, 능력이 있으면 그것을 보고 따라오는 것이다.

公孫丑曰　道則高矣美
矣　宜若登天然. 大匠
不爲拙工　改廢繩墨,
能者從之.

公孫丑曰　道則高矣美

矣　宜若登天然. 大匠

不爲拙工　改廢繩墨,

能者從之.

於不可已而已者 無所不已, 於所厚者薄 無所不薄也.

어불가이이이자 무소불이, 어소후자박 무소불박야.

그만두면 안될 데서 그만두는 사람은 그만두지 않을 데가 없을 것이오, 후하게 할 데에서 박하게
하는 사람은 박하게 하지 않을 데가 없을 것이다.

於不可已而已者　無所
不已, 於所厚者薄　無
所不薄也.

於不可已而已者　無所
不已, 於所厚者薄　無
所不薄也.

其進銳者 其退速.

기진 예자 기퇴속.

앞으로 나아감이 빠른 사람은 뒤로 물러남도 빠르다.

其進　銳者　其退速.

其進　銳者　其退速.

其	進		銳	者		其	退	速	.

其	進		銳	者		其	退	速	.

盡信書 則不如無書.

진신서 즉불여무서.

서경(書經)의 내용을 그대로 다 믿는다면 서경이 없느니만 못하다.

*무슨 책이든 상징과 은유와 과장이 있는 것이니 그대로 받아드리지만은 말라는 뜻.

오십에 쓰는,　　맹자 孟子

盡信書　則不如無書.

盡信書　則不如無書.

盡信書　則不如無書.

盡信書　則不如無書.

　　오십에 쓰는,　　맹자 孟子

國君 好仁 天下 無敵焉.

국군 호인 천하 무적언.

임금이 인(仁)을 좋아하면 천하에 적이 없을 것이다.

國君　好仁　天下　無
敵焉.

國君　好仁　天下　無
敵焉.

國君　好仁　天下　無

敵焉.

國君　好仁　天下　無

敵焉.

身不行道 不行於妻子, 使人不以道 不能行於妻子.

신불행도 불행어처자, 사인불이도 불능행어처자.

자신이 도를 행하지 않으면 처자에게도 시행되지 않고, 남을 부리는데 도로 하지 않으면 처자도 말을 듣지 않을 것이다.

오십에 쓰는,

身不行道　不行於妻子,
使人不以道　不能行於
妻子.

身不行道　不行於妻子,

使人不以道　不能行於

妻子.

身不行道　不行於妻子,

使人不以道　不能行於

妻子.

오십에 쓰는, 　　맹자 孟子

周于德者 邪世 不能亂.

주우덕자 사세 불능란.

덕이 많은 사람은 사악한 세상도 (그를) 현혹시키지 못한다.

周 于 德 者　　邪 世　　不 能

亂.

周 于 德 者　　邪 世　　不 能

亂.

周 于 德 者　　邪 世　　不 能

亂.

周 于 德 者　　邪 世　　不 能

亂.

民 爲貴, 社稷 次之, 君 爲輕.

민 위귀, 사직 차지, 군 위경.
백성이 귀중하고, 사직은 그 다음이며, 임금은 가벼운 존재다.

民 爲貴 社稷 次之
君 爲輕

民 爲貴 社稷 次之
君 爲輕

民 爲貴, 社稷 次之,
君 爲輕.

民 爲貴, 社稷 次之,
君 爲輕.

仁也者 人也 合而言之 道也.

인야자 인야 합이언지 도야.

인(仁)이란 사람이니(사람이 행하는 것이니) 이 둘을 합쳐서 말하면 '도'이다.

仁也者　人也　合而言之　道也.

仁也者　人也　合而言之　道也.

仁也者　人也　合而言

之　道也.

仁也者　人也　合而言

之　道也.

仁也者 人也 合而言之 道也.

인야자 인야 합이언지 도야.

인(仁)이란 사람이니(사람이 행하는 것이니) 이 둘을 합쳐서 말하면 '도'이다.

賢者 以其昭昭 使人昭昭.

현자 이기소소 사인소소.

현자는 자기의 밝은 덕으로 남을 밝게 해준다.

오십에 쓰는, 맹자 孟子

賢者　以其昭昭　使人
昭昭.

賢者　以其昭昭　使人
昭昭.

賢者　以其昭昭　使人

昭昭.

賢者　以其昭昭　使人

昭昭.

山徑之蹊間 介然用之而成路, 爲間不用則茅塞之矣, 今 茅塞子之心矣.

산경지혜간 개연용지이성로, 위간불용즉모색지의, 금 모색자지심의.

(제자 고자에게 말하길) 산길을 계속 다니면 길이 만들어지고, 한동안 다니지 않는다면 곧 풀이 우거져 막혀 버리니, 지금 띠풀이 너의 마음을 뒤덮고 있구나.

*학문이나 수양을 함에 쉬지 말고 계속 정진하라는 경구.

山徑之蹊間　介然用之
而成路,　爲間不用則茅
塞之矣,　今　矛塞子之
心矣.

往者不追, 來者不拒.
왕자불추, 내자불거.
가는 자를 붙들지 않고, (배우러) 오는 이를 막지 않는다.

오십에 쓰는,   맹자 孟子

往者不追, 　來者不拒.

往者不追, 　來者不拒.

往者不追, 　來者不拒.

往者不追, 　來者不拒.

往者不追, 來者不拒.
왕자불추, 내자불거.
가는 자를 붙들지 않고, (배우러) 오는 이를 막지 않는다.

人皆有所不忍 達之於其所忍 仁也.

인개유소불인 달지어기소인 인야.

사람은 누구나 참지 못하는 바가 있으나 그것을 참아냄에 이르면 그것이 바로 인(仁)이다.

人皆有所不忍　達之於
其所忍　仁也.

人皆有所不忍　達之於
其所忍　仁也.

人皆有所不忍　達之於

其所忍　仁也.

人皆有所不忍　達之於

其所忍　仁也.

인개유소불인 달지어기소인 인야.

사람은 누구나 참지 못하는 바가 있으나 그것을 참아냄에 이르면 그것이 바로 인(仁)이다.

守約而施博者 善道也.

수약이시박자 선도야.

자기를 잘 단속하고 널리 베푼다면 그것이 좋은 도이다.

오십에 쓰는, 맹자 孟子

守約而施博者　善道也.

守約而施博者　善道也.

守約而施博者　善道也.

守約而施博者　善道也.

수약이시박자 선도야.

자기를 잘 단속하고 널리 베푼다면 그것이 좋은 도이다.

說大人則藐之, 勿視其巍巍然.

세대인즉묘지, 물시기외외연.

대인을 설득할 때에는 그를 가볍게 여기고, 그의 위세를 안중에 두지 말라.

説大人則藐之, 勿視其
巍巍然.

説大人則藐之, 勿視其
巍巍然.

説	大	人	則	藐	之	,		勿	視	其
巍	巍	然	.							

説	大	人	則	藐	之	,		勿	視	其
巍	巍	然	.							

養心 莫善於寡慾.

양심 막선어과욕.

마음 수양에는 욕심을 줄이는 것 보다 좋은 방법이 없다.

오십에 쓰는,　　　맹자 孟子

養心　莫善於寡慾.

養心　莫善於寡慾.

養心　莫善於寡慾.

養心　莫善於寡慾.

양심 막선어과욕.

孔子曰 惡似而非者.

공자왈 오사이비자.

공자께서 말씀하시길 나는 사이비(겉과 속이 다른)한 사람을 혐오한다.

오십에 쓰는, 맹자 孟子

문자(文字)란 사상을 담은 그릇이므로
필사는 하나의 인성수양(人性修養)이며
도야(陶冶)라고 할 수 있습니다.

하루 10분, 고전 필사 06
오십에 쓰는 맹자孟子

초판1쇄 인쇄 2024년 8월 22일
초판1쇄 발행 2024년 9월 02일

지은이 타타오(한치선)
펴낸이 최병윤
펴낸곳 운곡서원
출판등록 2013년 7월 24일 제2024-000064호
주소 서울시 은평구 증산로21가길 11-11, 103호
전화 02-334-4045
팩스 02-334-4046

종이 일문지업
인쇄 수이북스

ⓒ한치선
ISBN 979-11-94116-08-0 03150
가격 8,500원